はっけん いっぱい!

まちのしせつ 4

バス

監修：國學院大學教授 田村 学

はじめに

みんながくらすまちには、どんなしせつがあるかな？
図書《としょ》かん、じどうかん、電車《でんしゃ》やえき、バス、公園《こうえん》……。
いろいろなしせつがあるよね。
まちのしせつや、そこではたらいている人《ひと》は、
まちのみんなの毎日《まいにち》をささえてくれているんだよ。
「なぜ？」「どうやって？」
それをはっけんするために、さあ、まちへ出《で》かけてみよう！

いっしょにたんけんするのは……

まちの
いろいろなしせつに
行《い》ってみよう！

どんな
はっけんが
あるかな？

ハルト　サクラ

この本《ほん》ではこんなふうにたんけんするよ！

1回目《かいめ》のたんけん
▼
ふりかえり・2回目《かいめ》のたんけんのじゅんび
▼
2回目《かいめ》のたんけん
▼
しせつについてわかったことのまとめ

しせつに行《い》くときのちゅうい

1. しせつのルールはかならずまもってね。
2. しせつの人《ひと》に話《はなし》を聞《き》くときは、はじめとおわりに、あいさつをきちんとしよう。
3. パソコンやタブレットをつかうときは、りょう手《て》でしっかりもとう。
4. パソコンやタブレットは、つかいおわったらきれいにふこう。

もくじ

先生・おうちの方へ

この本は、小学校の生活科で行われるまち探検や、施設見学の事前・事後学習に役立つように、実際に施設を取材してまとめました。

まち探検や施設見学は、子どもたちが公共施設の意義を理解することや、町に暮らす人々への興味を促すことを目的としていますが、その目的をどの子どもたちにも実現できるように、この本はさまざまな工夫をこらしています。

施設の様子を写真やイラストで具体的に見ることができ、見学前後の子どもたちの気づきや発見、話し合いの様子はマンガで楽しむことができます。また、子どもたちが自ら考えるきっかけになるような問いかけが、紙面のいたるところに用意されています。タブレット等を通すと、紙面から動画へ展開し、映像で施設の特徴をとらえられることも大きなポイントです。

生活科は、自立し、生活を豊かにしていくための力を育成していく教科です。子どもたちが社会に出たときに、何ができるようになるか。生活科での学びを実際の暮らしにいかし、よりよい生活を想像していくことが期待されています。

まち探検や施設見学の学習活動を通して、一人一人の子どもが大きく成長するとともに、夢や希望を抱きつつ、日々の生活を送っていく姿を願っています。

國學院大學教授　田村 学

この本《ほん》のつかいかた

マークに注目《ちゅうもく》してね！

動画《どうが》もチェック！
はてな？
車《くるま》いすの人《ひと》は
どうやって
のるんだろう？
ねぇねぇ
大《おお》きなバスを
うんてんできる
なんてすごいね！
動画もチェック！
おくも
見《み》てみよう！
はてな？
ろせんバスには、
どんな人《ひと》がのって
いるのかな？
見学《けんがく》は、行《い》く前《まえ》にきょかをとり、かならず大人《おとな》といっしょに行《い》きましょう。大人《おとな》からはなれて、見学《けんがく》することはぜったいにやめてください。バスにのる前《まえ》に、20〜23ページを読《よ》みましょう。
大人《おとな》といっしょ
見学《けんがく》しましょうね！
9
ろはきけんな場所《しょ》もあります。ルールをまもらないと、
こつながることもあるので、十分《じゅうぶん》にちゅういしましょう。

ぼくらの
なかまだよ！

はてな？

はてなしば

「はてな？」って、といかけるのがくせ。みんなもいっしょに考《かんが》えてみよう！

ねぇねぇ

ねえねえプードル

ふしぎに思《おも》ったことを話《はな》しかけてくるよ。考《かんが》えるきっかけをくれるんだ。

動画《どうが》もチェック！

動画《どうが》ブル

動画《どうが》が見《み》られるところにいつもいるよ。そばにあるQR《キューアール》コードに注目《ちゅうもく》！

▲QR《キューアール》コード

しせつのようすが
よくわかる！

動画《どうが》を楽《たの》しむために

インターネットがつながるところで見《み》てね！

インターネットをつかうために
りょう金《きん》がかかる場合《ばあい》があるので
ちゅういしよう。

音《おと》が出《で》てもだいじょうぶか、まわりをたしかめてね！

動画《どうが》からは音楽《おんがく》や声《こえ》がながれるよ。
音《おと》が出《だ》せない場所《ばしょ》で見《み》る場合《ばあい》は、
音《おと》が出《で》ないせっていにしてね。

パソコンや
タブレット、
スマートフォンを
じゅんび！

QR《キューアール》コードの読《よ》みとりかた

1 本《ほん》をたいらなところにおく。

明《あか》るいところに
おこうね！

2 パソコンやタブレット、スマートフォンのカメラのマークをタップする。

手《て》はきれいに
あらってから
つかおう！

3 QR《キューアール》コードを読《よ》みとってやさしくタップする。

読《よ》みとりにくいときは、
カメラを近《ちか》づけたり
はなしたりしてみよう。

4 動画《どうが》の再生《さいせい》ボタンをタップする。

再生《さいせい》ボタン

まちの

バスってどんなのりもの？

まちの中《なか》をぐるぐる走《はし》るバスに、のったことはあるかな？
どんなのりものか、サクラやハルトといっしょにさぐってみよう！

1
休《やす》みの日《ひ》
お知らせ
ん？
2
お知《し》らせ
新《あたら》しく公園《こうえん》ができました！
わ〜！行《い》ってみたいな！
3
でも、家《いえ》からちょっとはなれているよね……。
えきからも遠《とお》いから、行《い》けないかな〜。ざんねん！
地図《ちず》
4
あ！
でも、バスで行《い》けばすぐつくよ！
○○バス
○○○前下車《まえげしゃ》
5
じつは、わたし、バスってあまりのったことがなくって。
アハハハ
そうか、ぼくはむかし、よくのったものさ。

行《い》ってきまーす！
○○ほいくえん
なつかしいなあ…
それは、ほいく園《えん》のおむかえバスでしょ！
どてっ
あ、ちがうの？
わたしが言《い》っているのは、まちをぐるぐる走《はし》る、お金《かね》をはらってのるバスのこと！
地《ち》図《ず》
こうえん
あれ？
これって、バスていのマークだよね？
ホントだ！
バスがまちの中《なか》をこんなに走《はし》っているなんて！
学校《がっこう》の近《ちか》くにもあるし！
しょう店《てん》がいの入《い》り口《ぐち》にもある！
ねえハルトくん、バスの見学《けんがく》に行《い》ってみない？
知《し》らないことがいっぱい！
いいね！
先生《せんせい》にも聞《き》いてみよう！

まめちしき

日本《にほん》で、バスのうんてんがはじまったのは1903年《ねん》9月《がつ》20日《か》。これをきねんして、この日《ひ》は「バスの日《ひ》」にきめられているよ。

\まちの/

ろせんバスへようこそ！ 1

まちの中《なか》で、きめられた道《みち》を走《はし》るバスを「ろせんバス」っていうよ。
どんなはっけんがあるか、見《み》てみよう！

動画《どうが》もチェック！
ねぇねぇ
大《おお》きなバスをうんてんできるなんてすごいね！
ねぇねぇ
どんなにおいがする？どんな音《おと》が聞《き》こえる？
動画《どうが》もチェック！
あ、うんてんしさんだ！
運賃前払い

⚠バスや道《どう》ろはきけんな場所《ばしょ》もあります。ルールをまもらないと、大《おお》きなじこにつながることもあるので、十分《じゅうぶん》にちゅういしましょう。

動画《どうが》もチェック！
おります
STOP
はてな？
車《くるま》いすの人《ひと》は
どうやって
のるんだろう？
おくも
見《み》てみよう！
はてな？
ろせんバスには、
どんな人《ひと》がのって
いるのかな？

⚠見学《けんがく》は、行《い》く前《まえ》にきょかをとり、かならず大人《おとな》といっしょに行《い》きましょう。大人《おとな》からはなれて、見学《けんがく》することはぜったいにやめてください。バスにのる前《まえ》に、20〜23ページを読《よ》みましょう。

大人《おとな》といっしょに
見学《けんがく》しましょうね！

まちの ろせんバス へようこそ！ 2

大人《おとな》といっしょに
見学《けんがく》しましょうね！

ねぇねぇ
まどがいっぱい！

ねぇねぇ
手《て》すりが
あちこちにあるね！

動《どう》画《が》もチェック！

動《どう》画《が》もチェック！

気《き》になる
ものが
いっぱいだよ！

動《ど》画《が》もチェック!
はてな?
いろいろな形《かたち》のせきがあるのはなぜ?
はてな?
入《い》り口《ぐち》と出《で》口《ぐち》がべつなの?
動《ど》画《が》もチェック!
動《ど》画《が》もチェック!
おくにもせきがいっぱいだね!
差に注意

いきなりはっけん！

バスで見《み》つけたこと、ふしぎに思《おも》ったことをあつめたよ！

ボタンをおすとどうなるの？

うんてんしさんがマイクをつけている！

大《おお》きなハンドル！

何《なに》をゆびさしているのかな？

⚠バスがうごいているときは、せきにすわるか、手《て》すりにしっかりつかまろう。

いろいろな形《かたち》の手《て》すりがあるね

あれは何《なん》だろう？

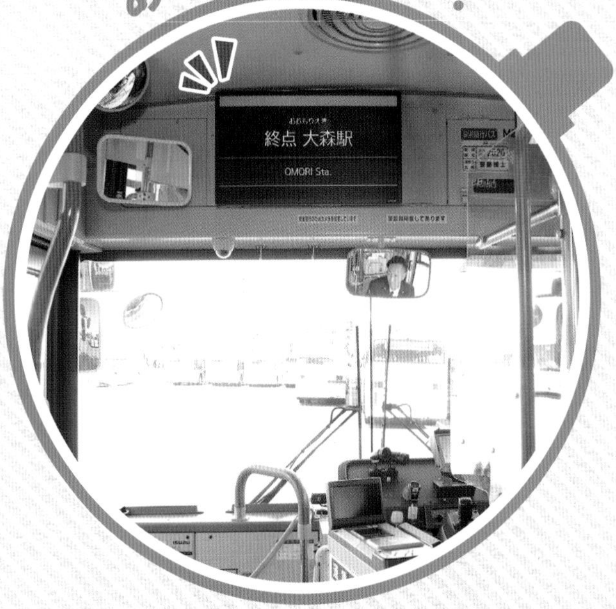

まどが大《おお》きいなぁ！

いろいろな人《ひと》がのっているね！

よ〜く、
見《み》てみると……

⚠しゃしんや動画《どうが》をとるときは、まずはうんてんしさんにことわろう！　バスの外《そと》がわをとるときは、まわりに十分《じゅうぶん》ちゅういしよう。

わかったよ!

よく見《み》たり、つかってみたりしたら、わかったことがいっぱいあったよ!

ねぇねぇ

どんなことをおきゃくさんにあんないするのかな?

おきゃくさんにアナウンスするんだ!

つぎのバスていの行《い》き先《さき》などを、みんなに知《し》らせていたよ!

動画《どうが》もチェック!

音声《おんせい》がながれるんだ!

うんてんしさんに、つぎのバスていでおりることを知《し》らせるんだ!

動画《どうが》もチェック!

かがみで車内《しゃない》をかくにんしている!

バスの中《なか》のようすや、バスのまわりをかがみで見《み》ているんだ!

動画《どうが》もチェック!

しゃしんや動画《どうが》は近《ちか》づいたりはなれたりしてとってみよう!

⚠バスがうごいているときは、せきにすわるか、手《て》すりにしっかりつかまろう。

つかまりやすい形《かたち》をしているんだ！

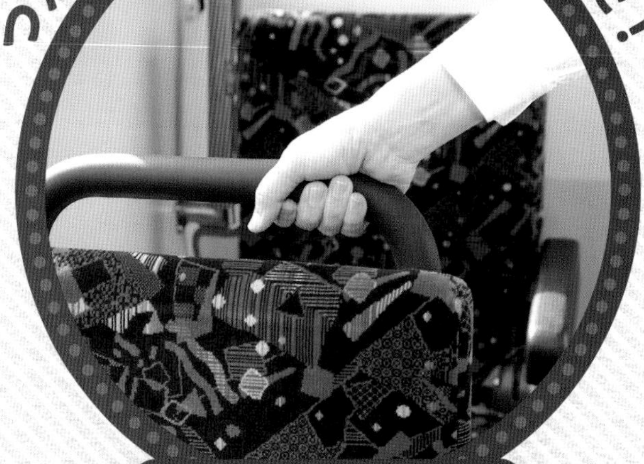

立《た》っている人《ひと》がつかまりやすい形《かたち》になっているんだね。

はてな？

手《て》すりは何《なん》でこんなにたくさんあるのかな？

行《い》き先《さき》を知《し》らせるモニターだね！

おおもりえき
終点 大森駅
OMORI Sta.
安全運行のためカメラを設置しています

アナウンスを聞《き》きのがしても、ここを見《み》れば、つぎのバスていがわかるね！

外《そと》がよく見《み》えるね！

動画《どうが》もチェック！

あんぜんにうんてんできるね。

バスってべんりそう～！

⚠バスがうごいているときは、せきにすわるか、手《て》すりにしっかりつかまろう。

＼まちの／

バスのこと、もっと知《し》りたい！

サクラとハルトは、バスの見学《けんがく》でいろいろなことを見《み》つけたよ。
学校《がっこう》で、しゃしんや動画《どうが》を見《み》せながら、友《とも》だちにほうこくしているんだ！

ねえねえ
バスのしゃしん、見《み》る？
かがみとか、うんてんしさんとかたくさんとっちゃった！
1
バスのこと、いろいろ教《おし》えてあげるよ〜！
ばんっ
うんうん！
お〜〜!!
そういえば…
2
ぼくもバスによくのるんだけど、後《うし》ろのせきってちょっと高《たか》くて、けしきがよく見《み》えるんだよね！
わ〜
えっ！
そうなんだ…
3
わたしは、車《くるま》いすの人《ひと》がのるときは、どうするんだろうって、気《き》になっているの！
うう。。。
わからない…
4

バスのお手《て》入《い》れは……。
ゆうせんせきって……。
ザワザワ
ザワザワ
じゃあ、あれは……。
ノンステップバスって……。
5
ワイワイ
ガヤガヤ
おーーーい!!
それはさ～
たぶん○○じゃない?
6
え～ それはちがうよ～!!
ザワザワ
ぼくもそう思《おも》っていたんだ……!
先《せん》生《せい》ー!!
ハルトくん、こうなったら!
ヒソヒソ
7
8
もう一度《いちど》、バス見学《けんがく》に行《い》かせてください!
いいですけど…
9
みなさん、もう一度《いちど》バス見学《けんがく》に行《い》きましょうか?
やったー!!
わ～
10
よーし!!
GO!《ゴー》
GO!《ゴー》
ガタガタ!
あ…
何《なん》でそんなところにいるの……?
11

まめちしき

ろせんバスは日本中《にほんじゅう》で走《はし》っているよ。その数《かず》は、何《なん》と6万台《まんだい》をこえるといわれているんだ。

教《おし》えてください！

はたらく人《ひと》にインタビュー

バスのうんてんしさんに、バスのこと、しごとのことを聞《き》いてみよう！
どんなことに気《き》をつけてうんてんしているのかな？

うんてんしさん

京浜急行《けいひんきゅうこう》バス
齋藤雅士《さいとうまさし》さん

Q1 バスにはどんな人《ひと》がのっていますか？

A1 ろせんバスは、まちのいろいろなところを走《はし》っているので、お子《こ》さんからお年《とし》よりまで、いろいろなおきゃくさまが利用《りよう》してくれます。学校《がっこう》やしごとに行《い》く人《ひと》はもちろん、びょういんへ通《かよ》うためにつかう人《ひと》もいるんですよ。

地《ち》いきにくらしている人《ひと》のやくに立《た》てることは、わたしたちうんてんしにとって、とてもうれしいことです。

動画《どうが》もチェック！

ねぇねぇ
みんなはどんなときに、バスをつかう？

Q2 まちのみなさんに、たくさんつかってもらうためにくふうしていることは何《なん》ですか？

A2 なるべく時間《じかん》どおりにバスを走《はし》らせることです。道《どう》ろこうじのよていや、こみやすい場所《ばしょ》などのじょうほうを知《し》り、バスが時間《じかん》におくれないように気《き》をつけています。

まちのみなさんが、安心《あんしん》してバスをつかえるようにするにはどうしたらいいかを、うんてんしはいつも考《かんが》えているんですよ。

おきゃくさんからのしつもんに、にこやかにこたえるうんてんしさん。

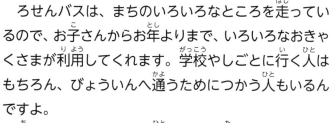

Q3 うんてん中《ちゅう》は、どんなことに気《き》をつけていますか？

A3 あんぜんを一番《いちばん》に考《かんが》えています。おきゃくさまのいのちをあずかっているようなきもちで、あんぜんうんてんを心《こころ》がけています。じこをおこさないのはもちろん、きゅうにスピードを上《あ》げたり、ブレーキをかけたりは、なるべくしないように、とても気《き》をつけているんですよ。

おきゃくさまが、きもちよくバスにのれるようにするのも、わたしたちの大事《だいじ》なしごとです。

うんてんしさんは、おきゃくさんがわすれものをしていないかも気《き》をつけていたよ。

はてな？

ほかにもあんぜんのためのくふうが、あるのかな？

Q4 バスをつかうとき、何《なに》にちゅういすればいいですか？

A4 バスにのったら、なるべくせきにすわるようにしてください。せきが空《あ》いていないときは、手《て》すりやつりかわに、しっかりとつかまって立《た》ちましょう。

走《はし》っているときに、せきをうつったり、歩《ある》いたりするのは、とてもきけんです。ころんでけがをしたり、ほかのおきゃくさまに、ぶつかったりすることもあります。ほかの人《ひと》のめいわくにならないように、気《き》をつけてくださいね。

うんてんしさんは、バスの中《なか》や外《そと》にもちゅういをしながらうんてんしていたよ。

早《はや》く、バスにのってみたいな～！
バスののりかたは、つぎのページでしょうかいしているよ！

バスにのってみよう！①

バスののりかたをしょうかいするよ。バスは、バスていからのるんだ。
まずは、近《ちか》くのバスていに行《い》ってみよう！

大人《おとな》といっしょに
行《い》きましょうね！

ねえねぇ

走《はし》るバスが多《おお》い時間《じかん》、
少《すく》ない時間《じかん》があるみたいね。

バスていに行《い》く

大森《おおもり》えきまで
行《い》きたいから、
大森《おおもり》えき行《い》きの
バスにのりたい！

バスていの名前《なまえ》

このバスのしゅう点《てん》
(行《い》き先《さき》)

しゅっぱつ時間《じかん》
(時《じ》こく表《ひょう》)

バスていで、行《い》き先《さき》や しゅっぱつ時間《じかん》を見《み》る

あと５分《ふん》で
来《く》るよ！

バスをつかう たつ人《じん》になる コツ！

バスの行《い》き先《さき》や
しゅっぱつ時間《じかん》、
りょう金《きん》は、イ
ンターネットで
しらべることも
できるよ。

バスが来《き》た！

どこ行《い》きのバスかかくにんする

このバスにのろう！

バスの正《しょう》めんに行《い》き先《さき》がかいてあるよ。

じょう車《しゃ》ドアがあいたらのる

入口
ENTRANCE
M2851

動画《どうが》もチェック！

はてな？

ドアがおりたたみしきなのは、何《なん》でだろう？

行《い》き先《さき》のアナウンスを聞《き》く

動画《どうが》もチェック！

大森《おおもり》えき行《い》きです！

入口
ENTRANCE
M1906
運賃

行《い》き先《さき》も合《あ》っているね！

バスていに、ほかの人《ひと》がいるときは、じゅんばんにならんでね。

行先
森28
森33
森45
大森海岸駅 経由
大森駅
平和島駅 経由
森41
京浜島・
昭和島循環

バスには「けいとうばんごう」という文字《もじ》と数字《すうじ》の組《く》みあわせがついているよ。このばんごうで、どのバスていに止《と》まるバスかを知《し》ることもできるんだ。

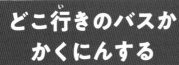

バスにのってみよう！②

バスにのっている間《あいだ》は、どんなふうにすごしたらいいかな？
おりるバスていが近《ちか》づいてきたら、どうするかな？

こうつうけいIC《アイシー》カードをかざすか、お金《かね》をはらう

空《あ》いているせきにすわる

ここに
すわろう！

お金《かね》でもはらえるよ。インターネットなどで、いくらかかるかをしらべておくといいね。

ねえねえ

入《い》れたお金《かね》はどこに行《い》くのかな？

せきが空《あ》いていないときは、手《て》すりにしっかりとつかまって立《た》とう。

はてな？

車《くるま》いすの人《ひと》は、どこにのればいいんだろう？

おりるとき
のるとき
ピッ
ピッ

後《うし》ろのドアからのって、前《まえ》のドアからおりるときにりょう金《きん》をはらうバスもあるよ。

バスがうごいているときに、歩《ある》いたり、立《た》ったりすることはきけん！ ころんでけがをすることもあるので、ぜったいにやめようね！

アナウンスをよく聞《き》く

つぎは○○えきに
止《と》まります。

つぎに止《と》まるバスていがアナウンスされるんだね。

おりるバスていがアナウンスされたら、こう車《しゃ》ボタンをおす

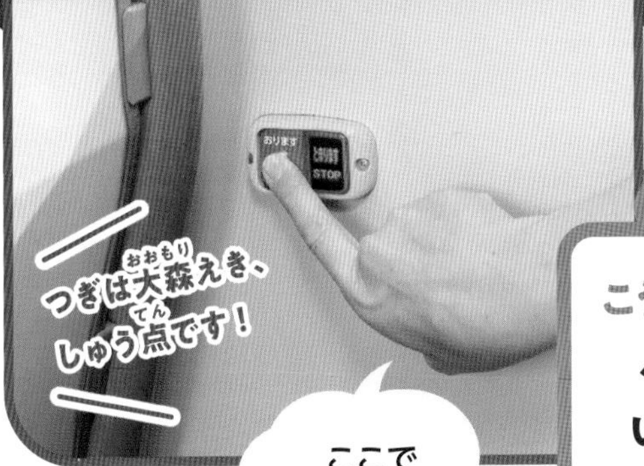
つぎは大森《おおもり》えき、
しゅう点《てん》です！

ここでおりるよ！

ねぇねぇ

こう車《しゃ》ボタンは、バスの中《なか》にいくつあるのかな？

バスが止《と》まったら こう車《しゃ》ドアへむかう

動画《どうが》もチェック！

バスが止《と》まってから、せきを立《た》つんだね！

まわりにちゅういしながらおりよう

出口 EXIT

まちがえておしてしまいました！
段差に注意

こう車《しゃ》ボタンをおしまちがえたときは、うんてんしさんに「まちがえました」などと、大《おお》きな声《こえ》でつたえられるといいね。

おりるとき、きゅうにとび出《だ》すと、人《ひと》や自《じ》てん車《しゃ》などにぶつかることもあるよ。まわりをよく見《み》ておりよう。

もっとはっけん！

もういちどバスをじっくり見《み》てみたよ。
バスの中《なか》はもちろん、外《そと》がわでも新《あたら》しいはっけんが、たくさんあったんだ！

「ノンステップ」って何《なん》だろう？

このはこは何《なん》だろう？

外《そと》がわにインターホンがあった！

見《み》つけたことだけ
じゃなく、考《かんが》えたことも
メモしておこう！

⚠バスの外《そと》がわを見《み》るときは、まわりに十分《じゅうぶん》ちゅういしよう。

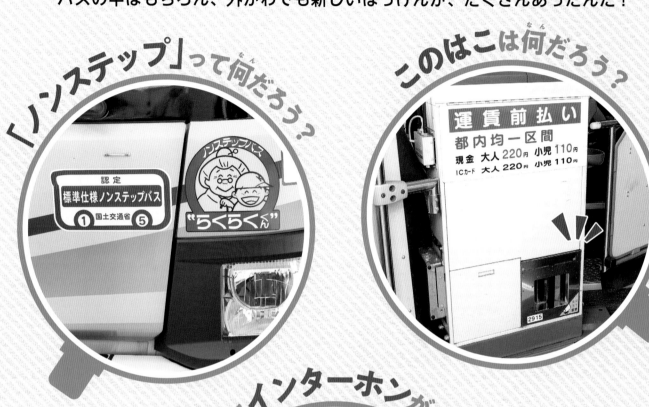

こう車《しゃ》ドアのそばのこれは何《なん》だ!?

しゃしんや動画《どうが》は
近《ちか》づいたり、はなれたり
してとってみよう

⚠しゃしんや動画《どうが》をとるときは、まずはうんてんしさんにことわろう！　バスがうごいているときは、せきにすわるか、手《て》すりにしっかりつかまろう。

後《うし》ろのせきが高《たか》くなっている?

段差に注意

車いすの人《ひと》はどこにのるのかな?

段差に注意

ぼくが
こたえるよ！
教《おし》えて
ください！

気《き》になることが
いっぱい
あったよ！

うんてんしさんに 聞《き》いてみたよ!

もっと わかったよ!

うんてんしさんが、バスのひみつをたくさん教《おし》えてくれたよ。
「なるほど!」と思《おも》うこたえがいっぱいだ!

出《で》入《い》り口《ぐち》にかいだんがないんだ!

のりおりがしやすいバスのことを「ノンステップバス」というよ。

お金《かね》が入《はい》っている!

おきゃくさまがはらったお金《かね》は、「うんちんばこ」というがんじょうなはこにためておくよ。

こまったときに声《こえ》をかけられる!

うんてんしと話《はなし》ができるよ。車《くるま》いすの人《ひと》が、こう車《しゃ》ドアからのりたいときなどに、つかうんだ。

ほかに、どんな人《ひと》がこのインターホンをつかうのかな?

人《ひと》がいるのをかんじとるセンサーだ！

ドアの前《まえ》に人《ひと》がいるのをかんじとって、うんてんしに知《し》らせるんだ。

ドアをあけしめするときは、ドアの上《うえ》にあるランプが点《てん》めつするよ。

動《どう》画《が》もチェック！

ドアの前《まえ》に人《ひと》がいると、あんぜんのために、ドアはひらかないんだって。

バスの後《うし》ろには大《おお》きなエンジンがあるんだ！

エンジンの上《うえ》にせきがあるから、後《うし》ろのほうが高《たか》くなるんだ。

はてな？

うんてんしさんは、何《なに》をしているのかな？

いすをたたむと車《くるま》いすを止《と》められるよ！

車《くるま》いすのおきゃくさまがのるときは、いすをたたんで、車《くるま》いすを止《と》める場《ば》所《しょ》をつくるよ。

車《くるま》いすの人《ひと》がのりおりするためのいたがあるよ！

動《どう》画《が》もチェック！

えいぎょう所《しょ》ってどんなところ？

バスのえいぎょう所《しょ》って、知《し》っている？ バスがたくさん止《と》まっているんだって。
どんなところなのか、しらべてみよう！

うんてんしさんがじゅんびするところ！

おさけをのんでいないか、車《くるま》のめんきょしょうをもっているかを、毎日《まいにち》かくにんするよ

はき出《だ》したいきを
きかいがきびしく
チェック！

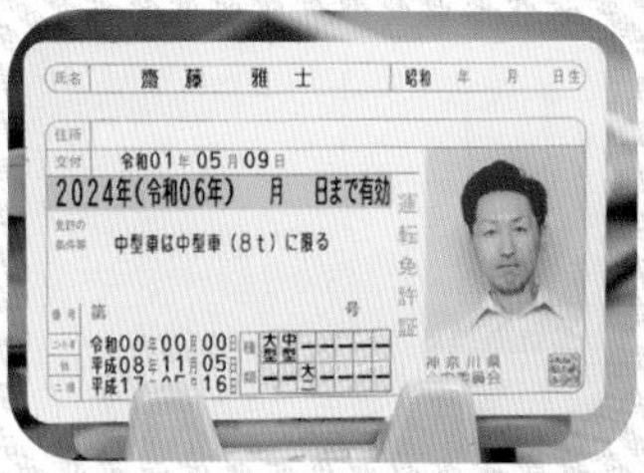
齋藤 雅士
昭和 年 月 日生
令和01年05月09日
2024年(令和06年) 月 日まで有効
中型車は中型車（8t）に限る
運転免許証
令和00年00月00日
平成08年11月05日
神奈川県

めんきょのきげんが
切《き》れていないかも
きかいで
読《よ》みとるよ。

今日《きょう》1日《にち》の
スケジュールを
うけとるよ！

ていきけんを売《う》っているところ！

えいぎょう所《しょ》で、バスのていきけんを売《う》っているよ。

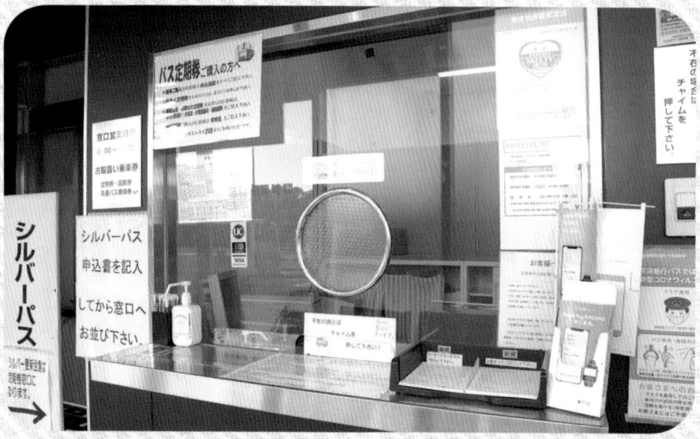
バス定期券ご購入の方へ
窓口営業時間
お取扱い乗車券
シルバーパス
シルバーパス
申込書を記入
してから窓口へ
お並び下さい。
シルバー更新会場は
定期券窓口に
なります。
不在の場合は
チャイムを
押して下さい。

ていきけんとは、いつも
同《おな》じ区間《くかん》でバスをのりおりする
人《ひと》がやすくつかえる
じょう車《しゃ》けんのことだよ。

えいぎょう所《しょ》って、
電車《でんしゃ》のえきみたいな
やくわりがあるんだね！

バスの点《てん》けんやかんりをするところ！

［ バスの中《なか》まで細《こま》かく点《てん》けん ］

バスの中《なか》までをしっかり見《み》る「車《しゃ》けん」という、大《おお》がかりな点《てん》けんを１年《ねん》にいちど行《おこな》うよ。

点《てん》けんせんもんのスタッフさんが、細《こま》かくチェック！

［ バスのそうじ ］

大《おお》きなきかいでそうじしたり、うんてんしさんが手《て》でみがいたりして、バスをピカピカにするよ。

バスがきれいだと、のっていてもきもちがいいよね！

［ 毎日《まいにち》のバスのチェック ］

バスにおかしなところがないか、自分《じぶん》の目《め》でたしかめるんだ。

エンジンルームや、タイヤを細《こま》かく点《てん》けん！

じゅんびがととのったら

さいしょのバスていにしゅっぱつ！

行《い》ってらっしゃ〜い！

行《い》ってきま〜す！

＼まちに／

バスがあるのはどうして？

どうして、まちの中《なか》を走《はし》るバスがあるのかな？
バスはどんなふうに、まちの人《ひと》たちのやくに立《た》っているのかな？

家《いえ》の近《ちか》くにも、
まちのしせつの近《ちか》くにも
バスていがある
から、べんり！
いつもは自《じ》てん車《しゃ》だけど、
雨《あめ》の日《ひ》はバスで
学校《がっこう》に行《い》くんだ！
びょういんの
目《め》の前《まえ》に
バスていがある
から、たすかるわ！

じゅくへ行《い》くときに
つかっているよ。まちのバスは
子《こ》ども**ひとりでも気《き》がる**
にのれるんだ。

この子《こ》がまどから**まちの**
けしきを見《み》るのがすき
なの。大《おお》きなまどだから、
見《み》やすいみたい。

わたしがよくのるバスには、
お年《とし》よりが、やすいりょう金《きん》で
バスにのれる**シルバー**
わりびきがある
から、たすかっているよ。

うんてんしさんに、
のりおりのサポート
をまかせられる
ので安心《あんしん》！

車《くるま》のうんてんができなくても、
バスをつかって、**まちの**
あちこちに行《い》ける
からありがたいよ！

＼まちの／

バスってこんなのりもの！

バスを見学《けんがく》して、はっけんしたことを、カードにまとめたよ。

カードに
絵《え》をかいたり、とったしゃしんをはったりしよう！

はっけん！

まちにすむ、いろいろな人《ひと》が、
いろいろな目《もく》てきで、
バスを利用《りよう》していました。

はっけん！

うんてんせきのまわりには、
かがみがいっぱいありました。
かがみで、バスの中《なか》や外《そと》のようすを、
チェックしているそうです。

はっけん！

せきにすわらないときは、
かならず手《て》すりにつかまります。
けがをふせぐコツです。

はっけん!

うんてんしさんは、毎日《まいにち》バスに
のる前《まえ》に、点《てん》けんをします。
じこをおこさないためです。

はっけん!

「ノンステップバス」は、
出《で》入《い》り口《ぐち》がたいらで、子《こ》どもでも
のりおりしやすかったです。

はっけん!

車《くるま》いすをつかう人《ひと》がバスにのる
ときは、バスの中《なか》のいすをたたみ、
車《くるま》いすを止《と》められるようにします。

メモしたことやタブレットなどで
きろくしたことを
見直《みなお》してみよう。

＼まちの／
バスのこと、まとめよう！

2回目《かいめ》のバス見学《けんがく》に行《い》ったことを、みんなでふりかえるよ。
そして、はっけんしたことを自分《じぶん》たちでまとめるんだ！

サッ
サッ
サッ
サッ
バスの中《なか》って、のる人《ひと》がここちよくすごせるくふうがたくさんあるんだね！
こう車《しゃ》ボタンは、手《て》をのばせばすぐあるし。
はっけん
手《て》すりもたくさんあったよ！
わたしは、バスの外《そと》がわに注目《ちゅうもく》したよ。
ノンステップのマークやインターホンがあるっていうのも、おもしろかった！
はっけん
はっけん
そろそろまとめましょうね。こんなまとめかたがあるのよ。
紙《かみ》しばい
絵地図《えちず》
パンフレット
バス
ポスター
クイズ
クイズ
ばっ
お〜

わたし、
パンフレットが
いいなあ。
サササッ
こんな絵《え》をかけば、
バスの外《そと》がわのくふうが
わかりやすくなるわ！
あ〜〜!!
サササッ
こんなふうにするのが
いいよ！
バスの中《なか》のおもしろい
ところが、しょうかい
できるもん!!
あ…!
ばっ!
なるほど!
ちょっと
じゃましないでよ!
そっちこそ!!
また
はじまった…
みんなは
どう思《おも》う？
う〜ん…
どっちでも
いいなあ。
こっち!
いや
こっち!
ぴたっ
ん!?

まめちしき

「ねんりょう電池《でんち》バス」って知《し》っている？　地《ち》きゅうによくないといわれる、おん室《しつ》こうかガスを出《だ》さないバスとして、注目《ちゅうもく》されているよ。

まめちしき

バスのうんてんしさんは、「大《おお》がた二《に》しゅめんきょ」という、とくべつな車《くるま》のめんきょをもっているよ。

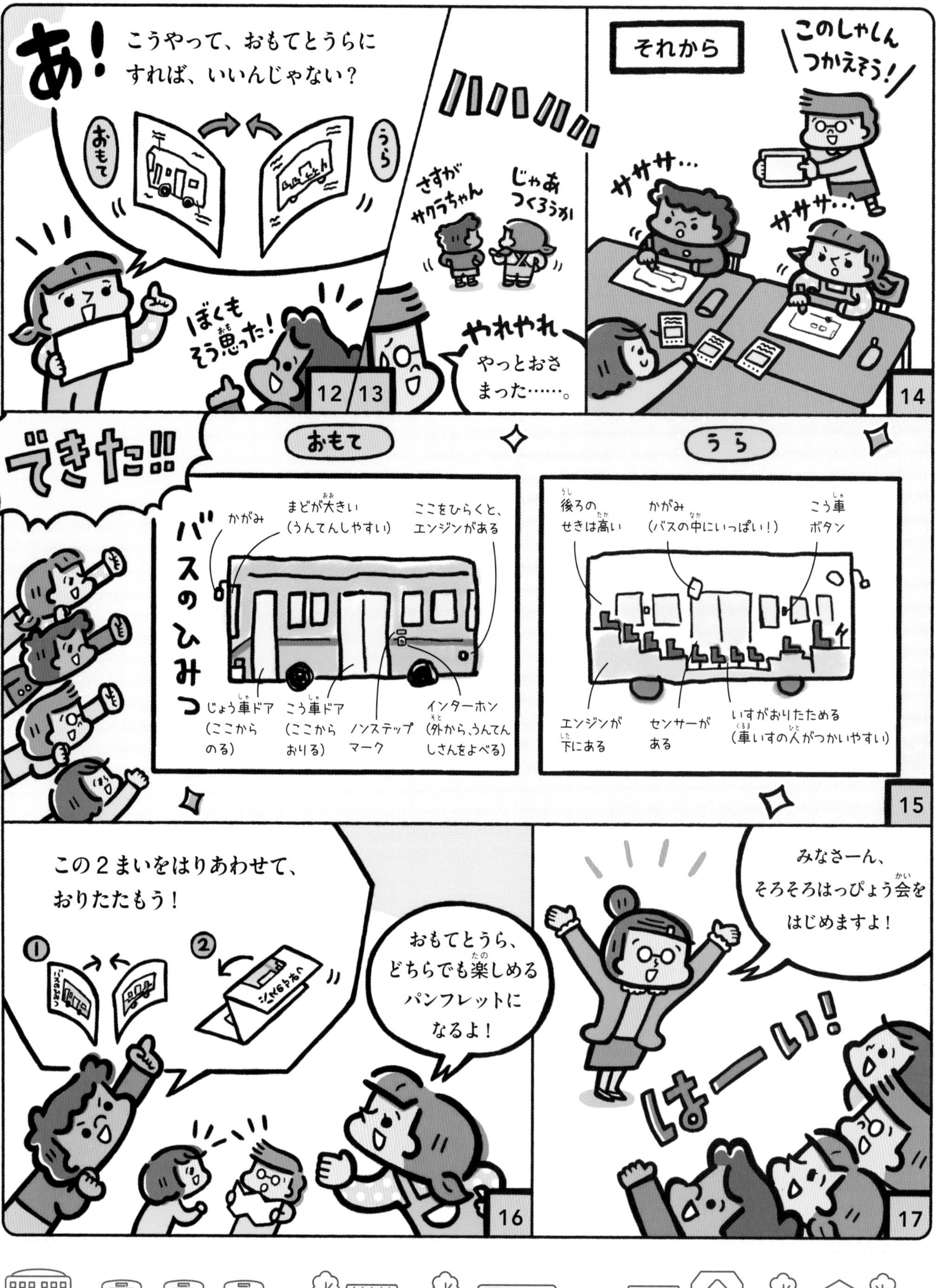
あ!
こうやって、おもてとうらにすれば、いいんじゃない？
おもて
うら
ぼくもそう思《おも》った!
12/13
さすがサクラちゃん
じゃあつくろうか
やれやれ
やっとおさまった……。
それから
このしゃしんつかえそう!
サササ…
サササ…
14
できた!!
おもて
バスのひみつ
かがみ
まどが大《おお》きい（うんてんしやすい）
ここをひらくと、エンジンがある
じょう車《しゃ》ドア（ここからのる）
こう車《しゃ》ドア（ここからおりる）
ノンステップマーク
インターホン（外《そと》から、うんてんしさんをよべる）
うら
後《うし》ろのせきは高《たか》い
かがみ（バスの中《なか》にいっぱい！）
こう車《しゃ》ボタン
エンジンが下《した》にある
センサーがある
いすがおりたためる（車《くるま》いすの人《ひと》がつかいやすい）
15
この２まいをはりあわせて、おりたたもう！
①
②
おもてとうら、どちらでも楽《たの》しめるパンフレットになるよ！
16
みなさーん、そろそろはっぴょう会《かい》をはじめますよ！
はーい!
17

バスの外《そと》は
こうなっていました。
では、中《なか》は
どうでしょうか？
すっ…
18
くるっと
ひっくり
かえすと……。
お〜〜!!
19
ねえ、このパンフレットを、
えいぎょう所《しょ》のみなさん
にも見《み》てもらおうよ！
わ〜
見《み》やすい〜
それ、
いいね！
20
えいぎょう所《しょ》
くふう
しているね！
バスにおかせて
もらおうよ！
ぜひ！
21
ある日《ひ》
22
おいて
くれてる〜！
うる
うる
これからもバスのこと、
いろいろしらべるよ！
23

まめちしき

バスのうんてんしさんは、休《きゅう》けいをとるのもしごと。休《きゅう》けいをとることが、あんぜんなうんてんにつながるからね。

\ まちの /

くらしをささえるべんりなバス

ろせんバスのほかにも、まちにはいろいろなバスが走《はし》っているよ。
行《い》きたいところや、目《もく》てきに合《あ》ったバスをさがしてみよう！

きごうの見《み》かた　●かんりしている会社《かいしゃ》やしせつ　○走《はし》っている地《ち》いき

コミュニティバス

まちの中《なか》にあるしせつを回《まわ》って、まちの人《ひと》のくらしをたすけたり、まちの人《ひと》どうしのつながりをささえたりする。かんこうきゃくが、まちのかんこうスポットをめぐるのに利用《りよう》することもある。

しゃしんは…まちなか周遊《しゅうゆう》バスハイカラさん
●会津《あいづ》乗合《のりあい》自動車《じどうしゃ》株式会社《かぶしきがいしゃ》
○福島県《ふくしまけん》会津《あいづ》若松《わかまつ》市内《しない》（おもな観光《かんこう》スポット周遊《しゅうゆう》）

\ たとえば /
まちのゆうめいな場所《ばしょ》をめぐる！

スクールバス

学校《がっこう》から遠《とお》い場所《ばしょ》にすんでいる子《こ》どものために、子《こ》どもがすんでいる地《ち》いきから学校《がっこう》まで、おくりとどけるバス。帰《かえ》りも学校《がっこう》からすんでいる地《ち》いきまでおくってくれる。

しゃしんは…琴浦町営《ことうらちょうえい》スクールバス
●鳥取県《とっとりけん》琴浦町《ことうらちょう》　○琴浦町《ことうらちょう》の小学校《しょうがっこう》のまわり

\ たとえば /
学校《がっこう》や家《いえ》まで子《こ》どもをあんぜんにおくりとどける！

車体《しゃたい》の絵《え》は琴浦町《ことうらちょう》の小学生《しょうがくせい》がかきました！

リムジンバス

ひこうきにのる人《ひと》を、くうこうまで、すばやくおくるバス。大《おお》きなえきや、くうこうの近《ちか》くのホテルからしゅっぱつすることが多《おお》い。大《おお》きなにもつをのせられるスペースがある。

＼ たとえば ／
くうこうまでスムーズに行《い》ける！

しゃしんは…京急空港《けいきゅうくうこう》リムジンバス
●京浜急行《けいひんきゅうこう》バス　◯関東《かんとう》の大《おお》きなえきから羽田空港《はねだくうこう》(東京《とうきょう》国際空港《こくさいくうこう》)や成田国際空港《なりたこくさいくうこう》

シャトルバス

まちのしせつやイベント会場《かいじょう》と、近《ちか》くのえきなどをつなぐ。ひんぱんに行《い》ったり来《き》たりすることで、おきゃくさんを長《なが》くまたせることなく、目《もく》てき地《ち》まではこべる。

＼ たとえば ／
かんじゃさんをびょういんまでおくる！

しゃしんは…医真会八尾総合病院送迎《いしんかいやおそうごうびょういんそうげい》バス
●医真会八尾総合病院《いしんかいやおそうごうびょういん》
◯近《ちか》くのえきから、大阪府医真会八尾総合病院《おおさかふいしんかいやおそうごうびょういん》

さくいん

監修 田村《たむら》 学《まなぶ》

（國學院大學人間開発学部初等教育学科教授）

新潟県出身。新潟大学教育学部卒業。文部科学省初等中等教育局視学官などを経て、現職に。日本生活科・総合的学習教育学会副会長。文部科学省視学委員。生活科教科書（東京書籍）監修をつとめる。専門は、教科教育学（生活・総合的な学習の時間）、教育方法学、カリキュラム論。主な著書に『川のこえをきこう　いのちを育てる総合学習』（童心社）や、『考えるってこういうことか！「思考ツール」の授業』（小学館）などがある。

撮影	渡邊春信
キャラクターイラスト	まつむらあきひろ
イラスト	上垣厚子、オカダケイコ
デザイン	chocolate.
動画撮影・編集	chocolate.
編　集	西野 泉、原 かおり、小園まさみ
編集協力	工藤亜沙子、やまおかゆか
校　正	文字工房燦光
取材協力	京浜急行バス

＊この本《ほん》のイラストは、じっさいのしせつのようすとちがう場《ば》合《あい》があります。

＊この本《ほん》でしょうかいしたしせつのじょうほうは、2022年《ねん》3月《がつ》のものです。

＊しゃしんや動画《どうが》に登場《とうじょう》するスタッフのみなさんには、さつえいのときだけマスクを外《はず》してもらいました。

＊この本《ほん》のQR《キューアール》コードから見《み》られる動画《どうが》は、お知《し》らせなくないようをかえたり、サービスをおえたりすることがあります。

はっけん いっぱい！ まちのしせつ 4 バス

発　行	2022年4月　第1刷
監　修	田村 学（國學院大學人間開発学部初等教育学科教授）
発行者	千葉 均
編　集	片岡陽子
発行所	株式会社ポプラ社 〒102-8519　東京都千代田区麹町4-2-6 ホームページ　www.poplar.co.jp（ポプラ社） kodomottolab.poplar.co.jp（こどもっとラボ）
印刷・製本	今井印刷株式会社

ISBN978-4-591-17292-6　N.D.C.375　39p　27cm　Printed in Japan

P7231004

はっけん いっぱい!

まちのしせつ

全《ぜん》5巻《かん》

1 図書《としょ》かん

2 じどうかん

3 えき・電車《でんしゃ》

4 バス

5 公園《こうえん》

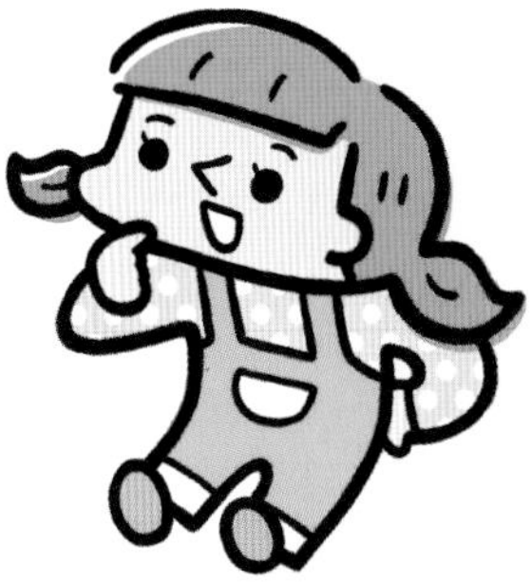

小学校低学年～中学年向き
各 39 ページ　N.D.C.375
AB 判　オールカラー

図書館用特別堅牢製本図書

バスの中《なか》をかいたよ！

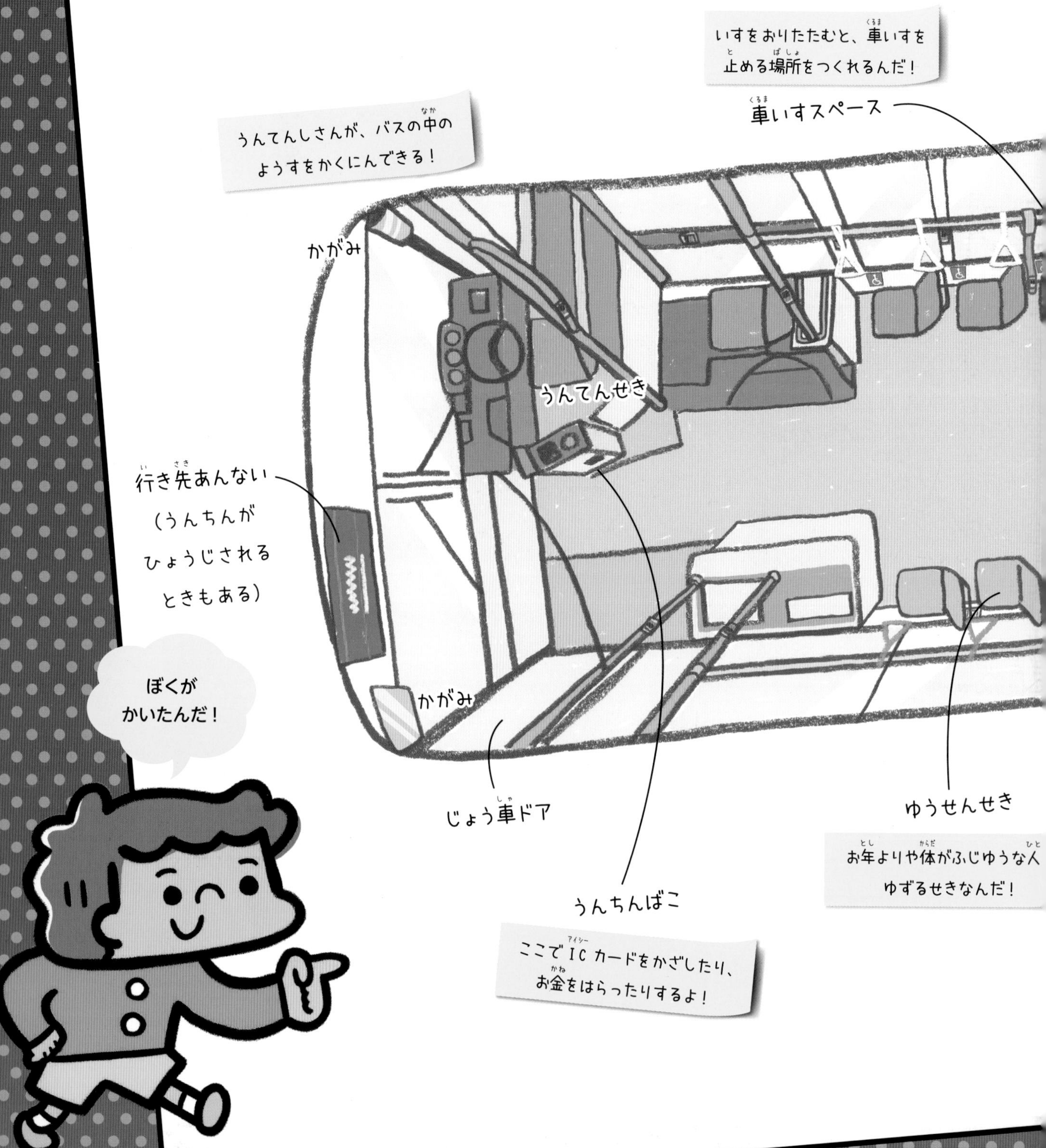
いすをおりたたむと、車《くるま》いすを
止《と》める場所《ばしょ》をつくれるんだ！
車《くるま》いすスペース
うんてんしさんが、バスの中《なか》の
ようすをかくにんできる！
かがみ
うんてんせき
行《い》き先《さき》あんない
（うんちんが
ひょうじされる
ときもある）
かがみ
ぼくが
かいたんだ！
じょう車《しゃ》ドア
ゆうせんせき
お年《とし》よりや体《からだ》がふじゆうな人《ひと》
ゆずるせきなんだ！
うんちんばこ
ここでIC《アイシー》カードをかざしたり、
お金《かね》をはらったりするよ！